AF349536

LES
INSCRIPTIONS PHÉNICIENNES,

PUNIQUES, NUMIDIQUES,

EXPLIQUÉES

PAR UNE MÉTHODE INCONTESTABLE,

PAR LE GÉNÉRAL **DUVIVIER**.

PARIS

J. DUMAINE, NEVEU ET SUCC. DE **G.-LAGUIONIE**,

Libraire de LL. AA. RR. le Duc de Nemours et le Duc d'Aumale,

(Maison Anselin),

Rue et passage Dauphine, 36.

1846

LES

INSCRIPTIONS PHÉNICIENNES,

PUNIQUES, NUMIDIQUES.

Imprimerie de Cosse et J. Dumaine, rue Christine, 2.

LES
INSCRIPTIONS PHÉNICIENNES,

PUNIQUES, NUMIDIQUES,

EXPLIQUÉES

PAR UNE MÉTHODE INCONTESTABLE,

Par le général **DUVIVIER**.

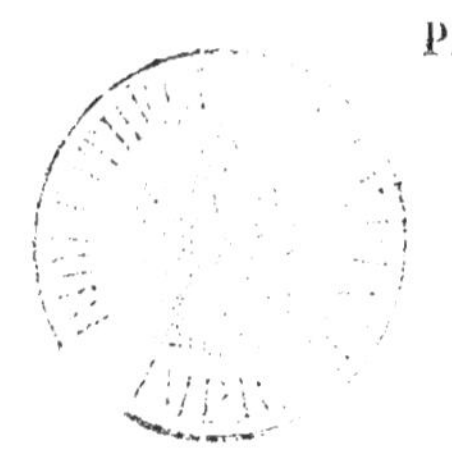

PARIS

J. DUMAINE, neveu et succ. de **G.-LAGUIONIE**,

Libraire de LL. AA. RR. le Duc de Nemours et le Duc d'Aumale,

(Maison Anselin),

Rue et passage Dauphine, 36

1846

DÉCOUVERTE

DE LA LECTURE

DES

INSCRIPTIONS PHÉNICIENNES.

Depuis longtemps on recueille avec soin toutes les inscriptions phéniciennes, qui, soit gravées sur les pierres, soit ciselées sur les anciennes monnaies, sont éparses sur les côtes de l'Espagne, de l'Afrique et des îles de la Méditerranée. Depuis longtemps, aussi, on cherche à les lire ; on prétend même y être parvenu. Les résultats de ces lectures sont une longue série de NOMS PROPRES, souvent très burlesques. Nombre de savants restent à cette vue dans une parfaite incrédulité; ils ne comprennent pas que des peuples aient pu employer leur temps et leur argent à pareilles inutilités. Depuis mon retour de l'Algérie en 1841, me trouvant sans occupations publiques, j'avais consacré ces moments de liberté à de sérieuses recherches sur l'antique histoire de l'Afrique. Une idée neuve et puissante m'apparut. Je voulus la suivre dans ses conséquences. Une d'elles était de montrer la voie à suivre pour parvenir à déchiffrer ces anciennes écritures. Je voulus la tenter, comme moyen de vérifier l'exactitude de ma pensée principale. Cela me força à nombre d'études sur les langues et notamment sur l'hébreu. Mais je fus amplement récompensé de mes fatigues ; je parvins à lire les inscriptions phéniciennes, puniques et numidiques. Trois mois de repos encore, et je livrais mon travail à la publicité. Mais, forcé de m'absenter pour commander l'expédition contre Madagascar, je me vois, avec vif regret, arrêté dans l'exécution de mon projet. Avant de partir, ignorant le sort que Dieu me réserve, quoique confiant dans son appui, *je veux au moins prendre date.* Je publie, ici, quelques-unes de mes explications, sans rien exposer de la méthode qui me les a livrées. Les sens suivis et de haute importance, que présentent ces quelques traductions, seront une preuve matérielle et aussi une preuve *à posteriori,* de mon succès. Mais, si je reviens, je promets de livrer, dès les premiers temps de mon retour, ma méthode, et de démontrer son exactitude avec une rigueur mathématique. *C'est donc un problème dont je donne, tout à la fois, l'énoncé et la solution, et dont je m'engage à fournir plus tard les preuves.* C'est faire ce que fit Fermat.

L'inscription par laquelle je commencerai est celle de Tugga. En voici les raisons :

On sait que cette inscription se compose de deux parties de sept lignes chacune; l'une à gauche, en caractères phéniciens, l'autre à droite, en caractères dits libyques. On pense que la seconde est la copie de la première, dans une autre langue et avec un autre alphabet.

Les caractères libyques, jusques à présent, ont été peu familiers aux savants. Une rencontre, qui peut être heureuse dans ses conséquences, vient de se présenter. La REVUE ARCHÉOLOGIQUE (huitième livraison 1845) publie une lettre écrite de Constantine, de laquelle il résulterait que les caractères libyques sont encore en usage, du moins comme signes d'un alphabet secret, dans les provinces centrales en arrière de Tripoli de

Barbarie ; elle donne 12 lettres de cet alphabet avec leurs équivalents en lettres arabes ; elle promet de donner les autres dans un an. Pour utiliser ce hasard, il serait donc important de connaître le sens renfermé dans l'inscription phénicienne. C'est ce sens que je veux indiquer ici. Ce n'est pas que ces lignes phéniciennes n'aient, jusqu'à présent, fait l'objet des études des savants. Gesenius, M. de Saulcy et plusieurs autres croient les avoir expliquées. Ainsi, M. de Saulcy (*Journal Asiatique*, 1843), traduit les quatre premières lignes :

TOMBEAU D'ATABAN, FILS D'IOFMATHAT, FILS DE FALOU. *Ceux qui ont fait élever ce mausolée sont : Abaras, fils d'Abdastaret ; Comer, fils d'Ataban, fils d'Iofmathat, fils de Falou ; Menegi, fils d'Ourasoun.*

Quant aux trois dernières lignes, qu'il n'explique qu'en partie, elles ne lui fournissent encore qu'une longue série de noms propres.

Mais cette interprétation est loin d'être exacte, et l'interprétation exacte est, à peu près, celle

ei (je dis, *à peu près*, parce que l'on sait que
l'inscription phénicienne n'a pas été très exac-
tement copiée par les voyageurs) :

(SEIGNEUR) *Arrête-toi dans ta colère, sois satis-*
fait, sois miséricordieux. Hélas ! épands de l'eau,
qu'elle soit légère ! Une chaleur ardente nous con-
sume ; elle est survenue inopinément ; elle a rendu
tout aride ; elle a brûlé, elle a dévasté. Anéantis-
la, ensevelis--la dans les entrailles les plus pro-
fondes de la terre. Que des écoulements d'eau nous
arrivent ; sois miséricordieux ; fends la terre restée
sans pluie, qu'elle fasse jaillir de l'eau doucement.
Hélas ! épands de l'eau, qu'elle soit légère ; qu'elle
séjourne dans les terrains à pâturages. O toi, fon-
dement de toute justice, donne-nous de l'eau qui
imbibe. — Des sifflements froids poussèrent une
abondante irrigation ; un vent froid et humide
*souffla ; (*LA TERRE*) but d'un seul trait et sans*
s'arrêter ; elle absorba, sans en rien laisser, une
eau copieuse ; elle s'amollit sous l'action d'un ciel
versant la pluie et tonnant dans le lointain. Une
eau copieuse sortit des fontaines situées sur le flanc
des montagnes ; les fissures étroites des vallées

suintèrent ; la pluie les alimenta incessamment en imbibant les terres ; les immondices qui les obstruaient furent entraînées ; une eau coulante se montra et s'avança toute limpide ; la terre but librement et à son aise ; elle reçut les semences dans son sein ; elle s'embellit ; le soleil devint blond ; une pluie fraîche et non interrompue tomba doucement. On immola des brebis ; ce fut un jour fortuné.

Les mots entre parenthèses sont supposés ; ceux qu'ils suppléent sont brisés sur la pierre.

Un tel bienfait de Dieu, chez un peuple religieux, ne justifie-t-il pas l'érection d'une telle pierre ?

Passons à quelques autres inscriptions.

Inscription phénicienne du tombeau d'Irène de Bysance. On l'a traduite par : *Irène, citoyen de Bysance*, en torturant l'hébreu.

Faire d'une femme un homme est une idée toute moderne; la véritable traduction est celle-ci:

L'aigle prit son vol, fit retentir le bruit de ses ailes, se précipita, jeta la terreur, dès le lever du soleil (c'est-à-dire dès sa jeunesse).

N'est-ce pas là l'histoire fidèle de la jeunesse
d'Irène de Bysance ?

INSCRIPTION PUNIQUE ; N° 3 FALBE, CARTHAGE.
Gesenius l'a expliquée ainsi : *Dominæ Tanaiti et
domino nostro, Hero, Baali solari vir vovens Abd-
Milcarthus Sufes, filius Bed-Milcarthi, filii Han-
noæ ;* ce qui, en conscience, ne signifie rien. Voici notre traduction :

*La justice divine poursuivra de sa haine, jusqu'au
moment de la vengeance, quiconque l'aura mécon-
nue. Rétrograde ! obéis-moi promptement ! cours !
celui qui s'est arrêté s'est acquis mon amour. Qui
craint Dieu doit s'abstenir d'une conduite honteuse.
Au loin la foule. Une barrière de nerprun noir et un
fossé d'enceinte prohibent toute entrée chez moi.
Que la main voleuse soit coupée, qu'elle pourrisse.*

Au-dessus de cette inscription se trouve sculp-
tée UNE MAIN COUPÉE ! qui ne reconnaît, là, la
défense gravée qui protégeait une propriété sa-
cerdotale ? qui ne reconnaît, là, le PROFANUM VUL-
GUS des anciens ?

INSCRIPTION PUNIQUE TROUVÉE AU MONUMENT DE
SAINT LOUIS. M. de Saulcy l'a traduite ainsi : *Tom-*

beau de *Habig*, *esclave* (ABD) *de Bomelkart*, *fils
d'Azrubaal, fils d'A...* — Les esclaves, chez les
anciens, étaient jetés à la voirie; on ne leur con-
sacrait pas des inscriptions. Voici la véritable
explication :

*Il détourna les conseils timorés ; il entraîna vio-
lemment les hommes inertes et sans cœur ; on fut
réuni pour briser le joug ; rapidement la toute-puis-
sance revint.*

Une pierre était bien due au grand homme
qui avait rendu un tel service à sa patrie !

7e INSCRIPTION NUMIDIQUE DE GESENIUS ; au-dessus est gravé, grossièrement, le portrait en pied
d'un jeune homme.—Gesenius l'a traduite par :
*Immolavit servus tuus, Domine ! Filium Muttamba-
lis, filii Jaascherbalis, offerens sacrificium holocausti.*
— Comprendra qui pourra. Voici le sens véritable.

*Le jeune innocent s'écria : Seigneur, éteins la cha-
leur; envoie-nous des nuages de rosée. Il fut mani-
feste que sa prière était exaucée ; il plut aussitôt ; la
pluie amollit la terre jusqu'à suffisance. Il fut élevé
en dignité; il fut couvert d'ornements. Le bel ado-*

lescent fut désigné pour veiller à la garde des prémices des eaux de cette première pluie.

INSCRIPTION NUMIDIQUE AU MUSÉE. — *Rapportée d'Afrique par M. Delamarre*. N'a encore été expliquée par personne. Voici sa traduction :

UN TEL *se repose épuisé par la route, après avoir traversé péniblement le monde. Courbé, il s'arrêta affaibli par la marche ; à diverses reprises, il se remit en mouvement ; autant de fois il dut y renoncer ; il tomba à terre. Il était tout préparé, il n'hésita pas un instant ; mourant, il acheva sa course.*

AUTRE INSCRIPTION NUMIDIQUE DE LA MÊME SÉRIE. Voici sa traduction.

UN TEL *se repose. Accablé de travaux et d'incommodités, il occupe le lieu où l'on se fixe. Fatigué par la route, il prit son parti totalement et promptement; il fit les préparatifs du voyage qu'il allait entreprendre ; il accepta avec plaisir de se traîner au moyen d'un bâton, et, traînant ce bâton le plus lourd, il se résolut sans délai à marcher jour et nuit. Après le soir, il atteignit le lieu du repos.*

Les traductions auxquelles je suis conduit, pour les inscriptions phéniciennes des médailles, sont également très remarquables. Je n'en veux citer que deux. Une médaille dite de Sabratha présente un temple avec fronton, et dans ce fronton est *une étoile unique;* la même *étoile* se retrouve sur l'autre face à côté de la tête d'empereur. Or, je suis conduit par la traduction de l'inscription à ce résultat :

Etoile distincte et séparée des autres.

Pour une médaille dite de Juba Ier, je trouve par la traduction :

Il fit ceindre les ceintures et il vainquit.

N'est-ce pas là l'ancienne figure biblique, fondée en raison sur le vêtement même des hommes de ce temps? portant, comme les Arabes actuels, une longue robe , ils la serraient sur les reins par une ceinture, comme les Arabes actuels, dès qu'il fallait se mouvoir librement et agir avec force.

Quant à la fameuse monnaie de Sexti, dans laquelle on veut toujours lire : Mibaali Seks, *par les citoyens de Sex* (Mémoire de l'académie des inscriptions, tom. XV, 2e part.), on ne pourra jamais y trouver en réalité que :

Frappé juste (en poids) *et loyal* (en métal).

Je le répète, en terminant cette note : ces traductions ne sont le fruit ni du hasard, ni de mon
imagination. Elles résultent des alphabets que
j'ai retrouvés et des méthodes que je suis pour les
employer. Alphabets et méthodes, tout est la con-
séquence de raisonnements absolus. Par les sens
obtenus précédemment, on peut voir déjà combien les probabilités me sont favorables. On con-
çoit, en effet, que les peuples aient pu consacrer
leurs soins à perpétuer par la pierre de pareilles
paroles. AUJOURD'HUI JE VEUX, SEULEMENT, PREN-
DRE DATE de découvertes dont je tiens le fil depuis
deux années. Si, comme je l'espère, Dieu qui m'a
donné cette lumière, me ramène en France, je
publierai à mon retour le mémoire que j'espérais
livrer dans trois mois aux méditations des savants ;
mémoire auquel je vais consacrer quelques-uns
des moments de loisir d'une monotone navigation
de quatre mois. *Alors,* chacun pourra lire et ex-
pliquer comme moi, et mieux que moi, toutes les
inscriptions phéniciennes et numidiques ; *alors,*
on reconnaîtra, je l'espère, de combien de romans
on a, depuis 150 ans, surchargé les archives des
plus glorieuses académies ; *alors,* à cette longue

série de noms burlesques d'un martyrologe que
nous ne connaissons pas, se substitueront des
sentences qui transformeront en pages importantes d'histoire et de mœurs, ces pierres qui jusqu'à présent ne se présentaient que comme restes
ridicules d'un peuple sans grandes pensées, ce
qui était impossible. Aussi, déjà, ai-je déduit de
plusieurs d'entre elles des conséquences excessi-
vement curieuses et importantes. — Mais, à mon
retour, le moment où je démontrerai l'exactitude
et l'infaillibilité des méthodes que la Providence
m'a fait deviner. — Ces traductions ne sont que
la moindre partie des études que j'avais faites,
des résultats curieux auxquels j'étais parvenu.
Veuille Dieu me permettre de les publier.

Paris, 21 janvier 1846.

Le général F.-F. Duvivier.